RÉPONSE
DE M. L'ABBÉ FAYET

A LA LETTRE

D'UN JEUNE PAIR DE FRANCE,

AUX FRANÇAIS DE SON AGE,

Par M. le Comte MONTALIVET.

AU PUY,
DE L'IMPRIMERIE DE PASQUET PÈRE ET FILS,
IMPRIMEURS DE MONSEIGNEUR L'ÉVÊQUE.

1827.

AVERTISSEMENT.

CETTE réponse ayant été annoncée dans le département de la Lozère, comme devant paraître beaucoup plutôt, l'auteur doit expliquer en peu de mots le retard de sa publication.

M. Ignon, imprimeur de la préfecture à Mende, après avoir pris connaissance du manuscrit, se chargea bien volontiers de l'imprimer. Il fit sa déclaration, et le surlendemain il eut fait composer l'épreuve de ce petit écrit; l'auteur la revit de suite et la renvoya *bonne à tirer*. Le tirage n'eut point lieu. M. Ignon pria l'auteur, avant d'y procéder, de faire quelques changemens sur l'épreuve, et l'auteur se prêta sans aucune difficulté à ce qu'on parut désirer de lui. Il attendait chaque jour l'édition de sa Réponse, lorsqu'à la place de cette édition, il reçut le billet suivant :

MONSIEUR L'ABBE,

Ne pouvant pas m'occuper de l'impression de votre Réponse à la Lettre d'un jeune pair de France, trouvez bon que je vous renvoie votre manuscrit, et veuillez bien agréer mes hommages respectueux.

J'ai l'honneur d'être, etc.

G.-J.-M. IGNON.

L'auteur apprécie trop bien les lumières et les sentimens de M. Ignon, pour ne pas respecter le motif subitement impérieux qui a pu le porter à renoncer à une entreprise déjà presque achevée; mais c'est avec une profonde affliction qu'il est forcé d'entrevoir, derrière cette démarche, une influence assez maladroite, assez peu amie du Gouverement et de notre pays, pour trouver mauvais et peut-être dangereux :

Qu'un fonctionnaire public ose répondre à une brochure

dirigée contre le gouvernement du Roi, et où il est personnellement attaqué lui-même;

Qu'un Prêtre repousse de toutes ses forces les calomnies répandues contre le Clergé, dans la seule intention d'arracher à la malveillance un moyen puissant d'agiter les esprits;

Qu'un Lozérien parle du dévouement, pourtant si connu, de son département à l'auguste famille des Bourbons; qu'il fasse de ses compatriotes un éloge si bien mérité, et qu'en traçant une peinture fidèle de la misère du Gévaudan, il cherche ainsi à attirer de plus en plus sur sa pauvre patrie la paternelle sollicitude du gouvernement du Roi;

Que ce même Lozérien s'avise d'émettre le vœu de voir ceux de ses compatriotes, qui en sont capables, remplir peu à peu les emplois publics du département, pour éviter aux étrangers, autant que possible, le désagrément d'être envoyés dans ce qu'ils appellent la *Sybérie de la France* (1).

Et qu'enfin, à propos d'une brochure sur les élections, il raconte les *on dit* de son département comme des *on dit*, et sans y attacher la moindre importance.

Car voilà toute la réponse de l'auteur : il défie la prévention la plus passionnée, et partant la plus injuste, d'y voir autre chose, à moins de l'y ajouter.

---

(1) Toutes les sous-préfectures d'un département voisin de la Lozère, les recettes et les perceptions, toutes les places de judicature, sans aucune exception, y sont remplies par des habitans du pays ou appartenant aux familles du pays, et l'on n'a pas entendu dire que ce département fût moins bien administré qu'un autre.

RÉPONSE
DE M. L'ABBÉ FAYET
A LA LETTRE
D'UN JEUNE PAIR DE FRANCE,
AUX FRANÇAIS DE SON AGE,
Par M. le Comte MONTALIVET.

Des montagnes du Gévaudan, le 3 de septembre 1827.

Monsieur le Comte,

J'ai appris que votre Seigneurie, fortement préoccupée du futur renouvellement de la Chambre des Députés, avait écrit une lettre aux Français de son âge pour leur tracer des règles de conduite dans cette nouvelle crise politique (1). Il m'a paru tout simple qu'un jeune Pair crût avoir de très-bons avis à donner aux jeunes Français sur les élections prochaines; mais comme je ne suis plus jeune, j'aurais vraisemblablement laissé aller vos avis à leur adresse, si on ne m'avait en même temps in-

---

(1) Lettre d'un jeune Pair de France aux Français de son âge. A Paris, chez Le Normant fils, imprimeur du Roi, rue de Seine, n° 8. F. S. G.

formé qu'il était question de moi dans cet ouvrage, et que, par une attention bien particulière, mon nom était le seul nom propre qu'on y vit figurer d'une manière peu aimable. Il n'en a pas fallu davantage pour exciter ma curiosité ; mais j'ai eu bien de la peine à la satisfaire. Soit qu'il ne fût arrivé qu'un seul exemplaire de votre lettre en Gévaudan, soit que les personnes qui en avaient reçu d'autres n'eussent pas bien rempli vos intentions *de les faire circuler et de leur donner la plus grande publicité possible*, mes recherches ont été longtemps infructueuses; enfin, un de mes amis a trouvé la brochure tant désirée ; il a pris la peine de me l'envoyer, et maintenant que je puis y répondre, permettez-moi, Monsieur le Comte, de causer quelques momens ensemble.

Vous me pardonnerez volontiers, sans doute, de ne pas vous dire toute ma façon de penser sur l'ensemble de cette brochure Elle n'est pas trop mal pour un début politique : il y a les qualités et les défauts de ces sortes d'écrits, le feu de votre âge, et l'assurance de *votre position élevée*, comme vous l'appellez vous-même. Mais quand on a le bonheur de parler de si haut, pourquoi dédaigner cette modération et ces formes polies qui plaisent tant dans le langage des grands, et qui pourraient au besoin les dispenser de l'art de bien dire ? Pourquoi les brochures qu'on a la bonté de méditer et d'écrire, dans *cette position élevée*; craindraient-elles de s'abaisser à ces égards délicats envers les personnes, qui honorent le noble écrivain et charment le modeste lecteur?, Il n'est pas absolument nécessaire de se sentir la dignité de Pair pour avoir son petit amour-propre. Simples mortels que nous sommes, nous n'avons pas plus de goût pour les mauvaises épigrammes que si nous étions tombés en naissant dans un riche berceau de comte ou de duc. Dire donc à votre Seigneurie que, sous ce rapport, sa lettre n'offre pas d'assez fortes inadvertances, ce serait à-la-fois, Monsieur le Comte, et désespérer de votre talent et vous priver d'une remarque utile. Mais passons la forme de cette lettre, puisqu'il n'y a plus moyen de lui en donner une autre, et venons au fond.

Vous pressez vivement les Électeurs de se faire inscrire sur les nouvelles listes, parce que la Chambre des Députés ne peut manquer d'être dissoute cette année; à l'appui de cette espérance, viennent se ranger sous votre plume une foule de bonnes raisons : d'abord (1) *les pouvoirs légaux de la Chambre expirent la session prochaine, quel que soit d'ailleurs le texte de la loi.* S'il entrait dans mon dessein de répondre à autre chose qu'à ce qui m'est per-

---

(1) Lettre de M. le comte de Montalivet, *pages* 3 et 4.

sonnel, il me serait impossible de passer outre sans prier votre Seigneurie d'expliquer un peu comment des pouvoirs *légaux* peuvent expirer quel que soit d'ailleurs le texte de la *loi*; car si le texte de la loi qui règle ces pouvoirs déclare qu'ils n'expirent pas encore, quelle volonté au-dessus de la sienne pourra décider qu'ils sont expirés? Et puis, dans la pensée d'un Pair de France, qu'est-ce que c'est que des pouvoirs *légaux* indépendans de la *loi?* Avouez, de bonne grâce, que cette première raison, pour être concluante, aurait au moins besoin d'être beaucoup éclaircie.

La seconde raison que vous apportez en preuve de l'imminente dissolution de la Chambre se tire de l'*établissement de la censure* (1) et du mouvement de quatre Préfets qui vont changer d'air. A celle-là je n'ai rien à dire; elle sera forte ou faible, suivant que l'esprit du lecteur sera disposé à la trouver de l'une ou de l'autre sorte, et qu'il verra ou ne verra pas, entre ces deux actes du Gouvernement, le premier si important de sa nature, l'autre d'un si mince intérêt en lui-même, une liaison nécessaire avec des nouvelles élections.

Votre troisième raison est plus profonde. Vous savez votre Pythagore, Monsieur le Comte, et je vous en fais mon compliment,

(1) *Idem*, page 4.

c'est un vrai mérite à votre âge. Quoique *la vertu des nombres* ait un peu vieilli, il est bon que des hommes supérieurs continuent à se livrer à l'étude des *augures* qu'elle peut renfermer encore ; tout le monde sent plus que jamais le besoin d'arracher des secrets à l'avenir. Je conçois donc très-aisément avec vous que si le Gouvernement eût fait afficher les premières listes du jury le 30 de juillet par exemple, où bien le 3, le 7, le 9, ou le 12 du mois d'août, tous ces *nombres-là* pesés, discutés et combinés par les meilleures têtes, elles n'auraient pas eu le plus petit mot à dire sur l'époque précise de la dissolution de la Chambre. Mais c'est le 15 d'août que ces listes ont été publiées, et dès-lors, qui serait assez peu initié à la science antique, pour ne pas voir dans ce nombre 15 une pleine manifestation des projets du ministère ? Il suffit de le prononcer une seule fois attentivement pour que le renouvellement de la Chambre saute aux yeux.

Vous auriez donc pû vous en tenir là : votre principe était solidement établi ; il n'y avait plus qu'à en déduire les conséquences. Malheureusement, soit excès de force, soit entraînement de votre sujet, vous avez voulu porter l'évidence au-delà de toutes ses limites, et pour le plaisir de mettre un appui de plus à l'édifice que vous veniez d'achever avec tant de bonheur, vous avez, hélas! ébranlé tous ses fondemens. « Écoutons enfin, dites-vous, les » citoyens qui ont parcouru les départemens ; » ils ont pu s'assurer par eux-mêmes des amé- » liorations subites apportées à quelques carac- » tères, des affabilités nées d'hier chez quelques » individus, des démarches patentes faites par » les personnes qui doivent être le mieux infor- » mées. Pour n'en citer qu'un exemple, on » annonce que l'abbé Fayet sollicite des suffrages » dans le département de la Lozère, et nous » tenons un des télégraphes de la Congrégation » trahissant le secret de ses gestes. Il est donc » vrai, et déjà, sans doute, sont prêts à monter » à cheval ces courriers à circulaires qui, par- » tant du pied de la colonne de la place Ven- » dôme, tournent le dos à la gloire et font » courir sur toute la surface de la France ce » mot d'ordre : *Autriche et Espagne* (1). »

Comme je n'ai rien à démêler, grâce à Dieu, avec l'Autriche et l'Espagne, qu'elles se tirent d'affaires le mieux qu'elles pourront aux élections prochaines, cela les regarde. Il m'importe encore fort peu d'examiner de quelle manière des courriers, qui sont assez dans l'usage de marcher en avant, pourraient sortir de la place Vendôme sans tourner le dos à la colonne. J'arrive donc à ce qui me touche de plus près.

(1) Lettre de M. le comte Montalivet, page 5.

En vérité, Monsieur le Comte, je ne croyais point être un si important peronnage que je suis; je me rends dans la Lozère pour voir mon père très-dangereusement malade, et aussitôt Votre Seigneurie se croit obligée d'avertir la France de ce voyage, du séjour que je fais dans ma famille, et de les donner en témoignage des mesures politiques qui se préparent dans les conseils de la couronne. Elle s'empresse de me signaler comme un exemple remarquable *des améliorations subites apportées à quelques caractères, des affabilités nées d'hier chez quelques individus, et des démarches patentes faites par les personnes qui doivent être le mieux informées.* Des voyageurs l'ont annoncé; et vite il faut que la connaissance de ce grand événement arrive aux extrémités du royaume, afin d'assurer la victoire aux élections constitutionnelles. C'est bien dommage, Monsieur le Comte, et que je vous plains! ces voyageurs vous ont joué un très-mauvais tour, avec *leurs annonces.* Quoi! oser compromettre la véracité d'un éminent personnage, dans la première brochure sortie de ses mains, et qui renferme son symbole politique! c'est une noirceur qui n'a pas de nom.

Voilà pourtant la déplorable mystification où vous a fait tomber une foi trop naïve aux récits *des personnes qui ont parcouru les départemens.* Non, l'abbé Fayet n'est point venu solliciter des suffrages dans le département de la

Lozère. Il n'aura pas besoin de recourir à une foule de raisons pour le démontrer, une seule va lui suffire; mais elle sera sans réplique. Nous savons l'un et l'autre que pour exercer des droits électoraux, ou pour prétendre à la candidature aux élections qui, selon vous, auraient lieu cette année, il faut, avant tout, se faire porter sur les listes du jury, affichées le 15 août dernier, et qui seront closes définitivement le 1.er octobre. Fût-on d'ailleurs électeur, ou éligible de fait, la non inscription sur ces listes fermerait l'entrée du collége électoral de 1827 à 1828. Or, j'ai l'honneur de déclarer à Votre Seigneurie qu'au moment où je parle (1), je n'ai point encore produit à la préfecture de Mende, lieu de mon domicile politique, les pièces qui établissent et ma qualité d'électeur et ma qualité d'éligible; que mon nom ne figure encore sur aucune liste, et qu'à moins de me regarder comme proche parent de cet heureux mortel qui allait lire les numéros sortans, afin de vérifier s'il n'avait pas gagné quelque chose à la loterie, sans y avoir mis, vous serez forcé de convenir que les démarches de ma part qui auraient précédé cette mesure seraient au moins fort ridicules, et vous verrez, j'espère, dans le peu d'empressement que j'ai mis à la remplir, que les élections sont encore loin de ma pensée,

(1) Le 3 septembre.

et que je ne crois pas au prochain renouvellement de la Chambre. Quelle sera ma conduite un peu plus tard? Ma foi, Monsieur le Comte, je n'ai là-dessus aucun renseignement à vous transmettre qui puisse servir le moins du monde aux brochures de cette époque. Quoi qu'il en soit, et cela suffit, il n'y avait pas moyen de choisir un exemple plus malencontreux des améliorations des caractères et des affabilités naissantes en vue des élections. On ne m'a jamais vu, soit dit entre nous, moins aimable; allons, courage, tranchons le mot; on ne m'a jamais vu plus susceptible et plus maussade que dans ce voyage; et si les candidats qui ne sont pas de votre goût ont poussé leur pointe à ma manière, réjouissez-vous, car plus d'un aura certainement *tourné le dos à la gloire.*

Que j'aime donc ce ton de triomphe dans votre bouche : *et nous tenons un des télégraphes de la congrégation trahissant le secret de ses gestes.* Il est bien clair que vous ne me tenez point du tout, et quand vous me tiendriez, vous auriez beau me retourner en tout sens, vous ne tiendriez point un télégraphe, et encore moins un télégraphe de la congrégation. Jeune et noble Pair! laissez aux écrivains de parti les personnalités offensantes; le besoin de nuire les mène souvent plus loin qu'ils ne veulent aller. Mais quel motif pourrait excuser en vous l'oubli volontaire des premières convenances ? Me connaissez-vous ? Non. Connaissez-vous mes principes politiques? Moins encore. Avez-vous vu dans mes discours, ou dans mes écrits, une phrase, un mot, qui ne respirât un dévouement sincère à la monarchie, telle que Louis XVIII nous l'a rendue et telle que Charles X nous la conserve ? Accusez et citez.

Prêtre, j'ai prêché vingt ans la religion, et dans toutes les chaires, depuis l'église du village couverte de chaume, jusqu'aux basiliques, monumens pompeux de la piété de nos pères; et, seul, peut-être, entre les prédicateurs connus, je n'ai été jamais attaqué dans les pamphets et dans les journaux, pour mes principes ou ma doctrine. Il est donc trop tard de venir m'apprendre le rang que la religion doit occuper dans les sociétés humaines. Immuable au sein des révolutions qui changent la face du monde, fille de l'éternité, elle voit passer à ses pieds les systêmes politiques, les législations et les mœurs des peuples, l'opinion publique et son règne inconstant et fragile, le temps lui-même et toutes ses institutions périssables. Elle a reçu la céleste mission d'évangéliser les républiques et les monarchies, les gouvernemens absolus et les gouvernemens constitutionnels. Point de barrières à ses progrès, point d'obstacles à ses conquêtes. Son divin fondateur n'a pas dit à ses apôtres : allez, secouez la poussière de vos souliers sur certaines nations; la forme de leur gouvernement doit les priver du salut et de la lumière; mais bien: *allez enseigner toutes les nations;* et pendant que les superbes monarchies de l'Orient se prosternent devant la religion nouvelle, des fières républiques de la Grèce sortent les églises les plus florissantes et les plus fécondes. Le Scythe accueille la divine étrangère dans ses déserts; le Germain lui dresse des autels dans ses bois; elle s'allie en même temps aux institutions des Solon et des Lycurgue, et aux informes gouvernemens des Barbares, et le despotisme des César ne l'empêche pas de poursuivre ses immortelles destinées. Ecrivains insensés, qui accusez ma religion d'être incompatible avec vos nouveaux gouvernemens, osez regarder en face la vérité! Que de législations, que de pouvoirs politiques, que de chartes, sous des noms divers, ont passé sur l'Europe depuis deux mille ans, et toujours *elle a fait ses délices d'habiter avec les enfans des hommes.* Elle ne sera jamais repoussée que par leurs crimes ou leurs folies. A Dieu ne plaise aussi qu'elle approuve ces téméraires apologistes qui, dans le désir de fortifier sa puissance et de relever son empire, veulent la charger de diriger, de ses divines mains, le char rapide d'une politique qu'emportent les vents. Ignorent-ils qu'il lui fût ordonné *de laisser aux morts le soin d'ensevelir leurs morts, et que son royaume n'est pas de ce monde?* A la bonne heure, me direz-vous, la raison est satisfaite de ce langage, et la religion catholique serait vengée, si ces principes étaient les principes du Clergé. Mais vous, qui voudriez donner quelque ombre de vraisemblance aux plus vaines déclamations, en séparant la religion de ses ministres et en leur prêtant un esprit bien différent de l'esprit de la religion même, avez-vous si promptement oublié que le Clergé français meurt pour sa religion et ne la change pas? Rougissez donc de le calomnier presqu'en face des échaffauds où naguères il courait avec joie pour sceller de son sang les principes que j'expose. Qui ne sait d'ailleurs, qu'en ce moment, le Clergé de France appartient presque tout entier aux dernières classes du peuple; or, de bonne foi, est-ce là qu'il a puisé l'amour des privilèges qui pesaient sur les familles d'où il est sorti, et n'est-ce point insulter à l'évidence des faits que de le supposer saintement passionné pour le moyen âge? Mais ce Clergé regrettera toujours les biens qu'il a perdus. Des biens perdus! ils ne sont plus dans nos rangs, les anciens propriétaires de ces biens; ils ont pris possession d'une meilleure vie. Quelles plaintes avons-nous poussées dans notre long délaissement? Successeurs de ces pauvres qui, une croix de bois à la main, ont subjugué le monde.

qu'avons-nous demandé aux gouvernemens? *le feu et l'eau*, et la pleine liberté de prêcher l'Evangile.

Or, pour revenir à vous, Monsieur le comte, je vous le demande, le Clergé, depuis la restauration, n'a-t-il pas excité la constante sollicitude de tous les pouvoirs sociaux? Son budjet n'a-t-il pas augmenté toutes les années? Qu'elle bouche s'est-elle ouverte dans les Chambres pour nier ses besoins? Qui a pris la parole pour combattre les allocations sollicitées en sa faveur? et, si nous n'avons que des actions de grâces à rendre au Gouvernement, comme Prêtres, quelle reconnaissance ne lui devons-nous pas comme citoyens? Avez-vous lu quelque disposition dans la Charte qui déclare que les Prêtres naîtront désormais sans familles, sans propriétés patrimoniales; que le titre de l'impôt qu'ils paient à l'État ne résidera point sur leur tête; en un mot, qu'ils seront frappés d'incapacité politique, comme des gens tombés des nues, ou tout nouvellement importés de la Chine? Ne sommes-nous pas membres de l'État, aux mêmes conditions que les autres Français qui embrassent des professions spéciales? et y a-t-il un seul droit politique que nous ne soyons appelés à exercer par les lois? Que veut donc dire cette injuste persévérance à nous représenter comme ennemis du nouvel ordre de choses? Quand certains entrepreneurs en opinion publique n'auront plus besoin de nous calomnier pour faire leurs affaires, les enfans riront long-temps de la peur qu'ils nous faisaient inspirer aux grandes personnes.

Mais en voilà bien assez sur la congrégation et ses télégraphes, selon votre élégante manière de parler; venons à la Lozère : ici, je serai encore sur mon terrain. La Lozère est ma patrie; et qu'on se moque de ce goût-là, je ne voudrais pas en avoir une autre. Vous pouvez donc compter sur l'exactitude des renseignemens que je vais avoir l'honneur de vous transmettre. Ce ne sera pas ma faute si je ne puis venir à bout de calmer vos inquiétudes électorales à son égard.

Par une singularité fort piquante, au temps qui court, la Lozère est peut-être le seul département où il n'y ait point de partis politiques. Ces belles classifications des habitans d'un même territoire, en libéraux et en ultra, en gallicans et en ultramontains, en radicaux et en absolutistes, en royalistes et en constitutionnels, ne nous sont connus que par les journaux; et encore avons-nous si peu d'empressement à nous faire initier à cette riche nomenclature, que les gazettes, qui en remplissent d'ordinaire leurs colonnes, peuvent trouver dans leurs listes d'abonnemens des preuves parlantes de notre indifférence. Je sens, comme vous, que c'est désespérant; mais qu'y faire? La population entière du Gévaudan a voué à la royale Famille de ses maîtres et aux institutions qu'ils ont fondées pour le bonheur de la France, un amour inviolable et à l'abri de tous les systêmes politiques. Commerce, barreau, clergé, noblesse, militaires, cultivateurs, tous feraient volontiers le généreux sacrifice de la fortune et de la vie au maintien de ce que la Providence nous a rendu. A quoi nous servirait donc la passion malheureuse de la politique; pourquoi nous laisser préoccuper par ses besoins? Nous en avons assez d'autres sur les bras.

Qui croirait qu'à quelques journées de la capitale habite, sur des rochers arides, une population pleine d'intelligence, d'une rare capacité pour les travaux de l'esprit, robuste, brave à la guerre, patiente, adroite, infatigable, et néanmoins condamnée à épuiser incessamment toutes ses forces pour arracher à une nature sauvage le pain qu'elle lui refuse. Ailleurs, le Français se fait des loisirs : il trouve au moins ses champs toujours prêts à ouvrir leur sein à la charrue. Ici, la plupart de nos champs sont, à la lettre, des champs artificiels; des bords du torrent qui ronge les fondemens de sa chaumière, l'habitant des côtes du Tarn est obligé de porter peu-à-peu, sur ses épaules, la terre qui doit le nourrir. Il l'étend péniblement sur les flancs décharnés de la montagne qui s'élève à pic au-dessus de sa tête; il l'entoure de quelques pierres ; il y sème, au printemps, un peu d'orge ou de pommes de terre pour passer son hiver. Heureux si les pluies d'orage n'entraînent bientôt le champ et la récolte, et s'il ne trouve, le matin en se levant, à la porte de sa maisonnette, les stériles débris du petit domaine qu'il avait porté sur les hauteurs.

Le montagnard proprement dit n'est guères plus heureux que l'habitant des Cevennes. Il n'a pas besoin, à la vérité, de créer le sol qu'il doit cultiver ; mais la nature du climat lui réserve d'autres angoisses. A peine a-t-il confié la semence à la terre, qui va la garder un an dans son sein, que la neige vient la couvrir ; s'il plaît aux saisons de l'y faire reposer trop long-temps, elle étouffe sous le poids de ses couches pressées jusqu'au dernier germe des plantes ; si, au contraire, elle vient à disparaître trop tôt, la gelée attend à peine qu'elle soit fondue pour tuer le blé naissant. Eh ! qu'il est rare de glisser entre ces deux fléaux sous un ciel inconstant et capricieux, où la température varie souvent de dix degrés en un jour. En vain encore, sur les plateaux du département appelés *Causses*, le laboureur se flatterait d'amasser les restes de la moisson échappés aux rigueurs d'un hiver de huit mois de durée ; des nuages connus dans le pays sous le nom de *nuées blanches* s'élèvent en rampant du fond des étroites vallées, se déploient au sommet des montagnes, s'étendent dans la plaine, et versant sur les épis déjà murs un poison mortel, il les dessèchent subitement, la veille même du jour où l'on aiguisait la faucille pour les couper.

Et voilà cependant toute notre fortune. Il nous faut vivre de ces récoltes si incertaines, si tourmentées par les élémens, où nous résigner à la faim. Demandez à l'industrie, nous direz-vous, ce que vous refuse la nature; faites des usines, élevez des manufactures. Oui, sans doute, et déjà les plus heureux essais en ce genre viennent ranimer nos espérances; mais tout nous manque à-la-fois pour donner quelques développemens à notre industrie, et le bois et la houille, et par-dessus tout les capitaux. Ouvrez donc des routes nouvelles, percez votre pays en tout sens; mettez-le en communication avec les produits et les lumières des autres départemens. Eh, mon Dieu! nous y faisons tout ce que nous pouvons. Nos ingénieurs entassent des plans les uns sur les autres; notre administration locale est réduite à renoncer à toutes les habitudes sédentaires afin de surveiller sans cesse par elle-même l'état des chemins; et avec tout cela, Monsieur le Comte, nous aurons bien du chemin à faire avant d'échapper à l'invincible misère qui nous opprime.

Notre politique est donc tout entière dans notre pauvreté. Parlez-nous de l'espérance de voir réduire encore les contributions directes, de la disproportion relative des charges qui pèsent sur notre pays avec celles que supportent les riches départemens voisins; expliquez-nous pourquoi l'Ardèche, le Gard, et surtout l'Aveyron, ont obtenu des dégrèvemens partiels considérables, sans que pas une voix se fasse publiquement entendre pour gémir sur l'excessive détresse du Gévaudan. Oh! nous lirons alors vos brochures avec plaisir, et vous aurez nos bénédictions et notre reconnaissance. Certes, le pauvre Lozérien, forcé de vendre la brebis ou la petite chèvre qui donne du lait à ses enfans, afin de payer les impôts, les vendra toujours sans éclat et sans bruit; il cachera ses larmes dans le secret de sa chaumière, et jamais le pouvoir ne sera importuné de ses murmures. Dans les privations extrêmes auxquelles il est en proie, il puisera toujours ce caractère de douceur, de résignation et de dépendance qui contraste si bien avec l'âpreté de son climat et les formes peu maniérées de sa personne; timide et fidèle écho des étrangers qui ne dédaignent pas de s'abaisser momentanément jusqu'à lui pour remplir en passant les emplois publics du département, quand osera-t-il se persuader qu'il connaît un peu mieux ses intérêts personnels que ceux qui n'en ont entendu parler de leur vie, et puiser enfin, dans son bon sens, la direction qu'il emprunte sur des besoins purement locaux à des systêmes fugitifs, improvisés la veille et abandonnés le lendemain pour le rendre heureux?

Quoi qu'il en soit, les Elections ne seront jamais, dans la Lozère, une question de principes, mais seulement une question de personnes, entre des hommes honorables, également dévoués à la monarchie ; voilà tout ce que j'en sais, peu nous importe le reste. S'il fallait cependant en croire quelques personnes, lorsque le temps de faire nos choix serait arrivé, M. le Préfet aurait ses candidats tout prêts ; il nous dirait que ce sont les hommes qu'il nous faut. Un peu plus vîte, un peu plus lentement, nous le croirions tous ; ils auraient nos suffrages, et tout serait dit.

S'il fallait au contraire s'en rapporter à certains bruits *qui mettent le nez à l'air, montrent un peu la tête*, il y aurait un dessein arrêté dans les esprits (les intérêts du Gouvernement étant mis hors de cause), de ne consulter, aux prochaines Elections, que les seuls besoins du département.

Qui l'emportera, des habitudes qu'on nous prête, ou des idées qu'on nous suppose ? Cette question est plus facile à faire qu'à résoudre : sans rejeter entièrement ces deux hypothèses, sans les adopter tout-à-fait, les prenant pour moitié vraies et moitié fausses, je ne cours pas grand risque de me compromettre, en vous assurant d'avance que la lutte serait vive. Les habitudes ramasseraient toutes leurs vieilles forces pour triompher, les idées plus agiles et non moins résolues défendraient vigoureusement le terrain ; pendant que les unes diraient : *Nous sommes bien comme nous sommes, pourquoi remuer ?* Les autres répondraient : sans doute, *nous pouvons être mieux*, pourquoi ne marcher pas! et la victoire resterait, à qui? je l'ignore. Mais ce que je sais bien positivement, c'est que tous les écrivains du monde y perdraient leur temps, et que les plus belles brochures n'y changeraient rien.

Réservez donc vos avis et votre zèle, Monsieur le comte, pour de plus heureuses contrées; reposez-vous en sur les lumières, la sagesse et le patriotisme des Lozériens, de vos sollicitudes électorales à leur égard. Soit qu'ils renouvellent les choix qu'ils ont déjà faits, soit qu'ils en fassent de nouveaux, ils voteront de manière à ce qu'on ne dise pas éternellement à tant d'hommes de talent et de mérite que produit la Lozère :

Est animus tibi, sunt mores et lingua fidesque plebs eris.

J'ai l'honneur d'être, avec la plus haute considération,

Monsieur le Comte,

Votre très-humble et très-obéissant serviteur,

L'Abbé FAYET.

www.ingramcontent.com/pod-product-compliance
Lightning Source LLC
LaVergne TN
LVHW010312230826
846091LV00007B/3111

* 9 7 8 2 0 1 3 4 4 6 6 3 1 *